La belleza es verdad y la verdad belleza.
Es todo lo que necesitas saber en la tierra.

John Keats

Senté
a la belleza
para injuriarla,
pero ebria y sorda se ha dormido
en mis rodillas.

Tomás Salvador González

© Cecilia Eudave, 2025

Dirección editorial:	Héctor Escobar
Director de la colección:	Gustavo Martín Garzo
Fotografía de cubierta:	José Ramón Vega
Diseño de la colección:	Miguel Riera
Maquetación:	Alberto R. Torices

ISBN: 979-13-87753-25-2

Dep. Legal: Le. 259-2025

Impreso en España — Printed in Spain

Cecilia Eudave
La belleza del **fantasma**

De la belleza (31)

Cecilia Eudave

La belleza del **fantasma**

EOLAS EDICIONES

ÍNDICE

La literatura solamente se salva de ser pura trivialidad si describe, no el mundo que la rodea, ni las cosas que rozan la retina, ni la enorme irrelevancia de las enciclopedias, sino algún estado al que puede aspirar el espíritu de la persona.

G. K. Chesteron, *Valoraciones y críticas a las obras de Charles Dickens*

«Te he dicho que estas eran sombras de las cosas que han sido», dijo el fantasma. «Son lo que son. ¡No me eches la culpa!»

Charles Dickens, *Cuento de Navidad*

LA FRAGILIDAD DEL FANTASMA
ES COMO LA DEL CRISTAL
ANTES DE ROMPERSE

Desde pequeña me he interesado en ir develando de a poco mi fijación particular sobre los fantasmas. Mi hermana los veía. De noche, sobre todo, cuando se mudaba a mi cama para que la abrazara. Titiritaba de miedo. *Va a romperse en pedacitos y yo tendré que recoger cada uno de ellos, buscando una explicación a ese repentino quebrarse sollozando junto a mí.* No se rompió, pero estuvo a punto.

¿Le creí? Sí, yo también quería verlos. Un fantasma es una fantasma, sea de la naturaleza que sea, haya salido de lo más próximo o más lejano, como un invento o una realidad de otra dimensión separada por el vidrio de una ventana, o por el cristal de un objeto memorable; quizá se anidan en algún espejo recubierto de material reflejante, o en las metáforas, analogías o estudios sobre sus orígenes sociales, culturales, políticos o de otras procedencias. Yo he sucumbido a todos los caminos que se bifurcan en torno a la definición de su naturaleza, tan próxima a nosotros, tan límbica porque habitan nuestras emociones, nuestro comportamiento y nos desestructuran la realidad.

Quizá los fantasmas son entes emocionales vagando en las casas abandonadas donde se dejaron la piel, en los cementerios repletos de cuerpos que ya no son habitados, en las cosas que son arrojadas de sus lugares de costumbre, en la ropa cuyo aroma a existencia concreta sigue ahí y solo es percibida por los animales domésticos que tienen la facultad de ver otras esencias más sofisticadas o ¿primarias?

Nada de primitivo o primario puede ajustarse a la definición de un fantasma, porque ha tomado conciencia, a su manera, y no se quiere ir, ni trasmutar. Algo lo detiene: tal vez el miedo a romperse como el cristal y multiplicar su angustia de estar al borde de saberse aún vivo, pero reconocerse muerto. De escuchar su nombre y no poder responder.

Es más fácil que lo olviden los otros que olvidarse poco a poco de uno mismo. Debe ser doloroso no sentir más que las vibraciones que algún viviente a veces percibe entre las cortinas oscilantes, o los sonidos distraídos de los lugares que solían habitar para acariciar un poco de existencia pasada.

Los pienso desesperados por volver o ansiosos por irse, eso los mantiene quietos al pie de la cama de mi hermana que los percibe, los escucha y los ve. Se le erizaba la piel, se le ponía de gallina; no sé si llegó a tocar a alguno. No le dije en aquel entonces que, a diferencia de ella, los soñaba. Y con el paso de los años me dediqué a buscarlos, a investigarlos y a imaginarlos deslizándose entre mis historias y mis recuerdos.

EL FANTASMA DERRITE
Y TRASMUTA LA MEMORIA

Yo percibo la memoria como si esta fuera una fantasma, triste e inmóvil hasta que es activada por los factores siniestros de los contextos históricos que intentan convocarla o revivirla. La memoria —con denominación simbólica, mítica, histórica, social, económica, religiosa, personal, cada cual a su manera— es atrayente y perturbadora. Rossana Cassigoli argumenta que «la memoria se aloja en el alma bajo la forma de presencia, que es siempre presencia de otro. De modo que es siempre memoria de un vínculo, sin importar su forma real o imaginaria».

Considero la memoria fantasma como un lamento eufórico que, por lo menos a los mexicanos, nos hace sufrir pero nos ayuda a sobrevivir.

¿Cómo me di cuenta de ello? Cuando escuché a mi abuelo exclamar: «antes era mejor que ahora», quizá olvidó la Revolución mexicana, o la Guerra cristera que, además, padeció de manera directa. Después a mi padre maldecir: «nuestros tiempos eran mejores, había estabilidad», tal vez olvidó la matanza de Tlatelolco y las terribles devaluaciones de nuestra moneda, sin contar el inicio del silenciamiento y muerte de los periodistas. Finalmente yo: «Qué horror ahora, qué tiempos más espantosos, qué violencia, qué inseguridad, qué odio, antes temíamos menos», se me olvidó que viví la consolidación del narcotráfico en México, los primeros secuestros como forma de extorsión, los feminicidios apenas mencionados en Ciudad Juárez y la caída de un partido oligárquico por otro que prometió seguridad y nos entregó lo mismo pero duplicado.

Esta idea de que «todo pasado fue mejor» es el motor para que nuestra memoria fantasmee o fantasee porque nos gusta enmascarar el horror con el recuerdo transfigurado. Sí, el recuerdo es el lamento más notable de la memoria fantasma, la que creemos nuestra, la que nos ayuda a subsistir, la que nos lleva a escribir libros para combatir la desmemoria, el silenciamiento de su voz y perpetuar su herencia para futuras generaciones.

Esto último me hace recordar, porque de recordar siempre se trata cuando escribimos desde el yo, una reunión con Han Kang, en Seúl, tomando una taza de té en medio de una tarde cálida y acogedora. Hablamos de nuestros proyectos de aquel entonces. Me preguntó que si conocía Polonia, porque le ofrecieron una estancia artística. Le comenté que sí. Fui a un congreso de literatura a finales de 1993, siendo muy joven, y me quedé una semana en el país, un país recién liberado de la ocupación soviética. El ambiente se percibía mezclado, por una parte, la alegría, el entusiasmo de mirar el futuro que, aunque incierto, era excitante; por otra, la tristeza de la guerra como una silenciosa cicatriz. Me mostré entusiasta de haber estado en un país tan distinto al mío, con un idioma ajeno, y con un pasado tan complejo. Ella movió la cabeza afirmativamente celebrando su decisión de irse allá. Seguimos charlando de eso y otras cosas. Nos despedimos.

De esa estancia debió salir su libro *Blanco*, una bella historia sobre la vida, la muerte, la memoria, la guerra, los fantasmas. Mientras la leía entendí, como entendemos todos los que hemos pasado por guerras y violencia, la delicada crítica blanca a todos los horrores que se desprenden de ello. Me hermané con el mismo sentimiento que quizá Han Kang tuvo cuando reconoció una ciudad poblada de fantasmas, una ciudad monumento a la memoria de lo que había sido, y que decide restituir su presente sobre las ruinas que perpetúan el horror del pasado. Y en su capítulo «Niebla» lo expresa tan sutilmente:

¿Qué harán los fantasmas de esta ciudad en las madrugadas de espesa niebla?

¿Saldrán a pasear sin hacer ruido por la bruma, a la que esperan conteniendo la respiración?

¿Intercambiarán saludos en esa lengua materna suya que no entiendo a través de los resquicios de esas partículas de agua que emblanquecen hasta las voces? ¿o solo asentirán o negarán con la cabeza sin decir nada?

Duro aprendizaje para propios y extraños de distintas generaciones, nacionalidades y estatus, visitar el centro de una ciudad fantasma ataviada de susurros, suspiros y lamentos. Sí, la memoria fantasma debe concebirse como un espacio abstracto donde convive lo temporal y lo atemporal. A veces es difícil mesurarla por las interpretaciones o reinterpretaciones que se hacen alrededor de la Historia, con sus variantes o sus productos culturales, que cobija lo histórico oficial y las múltiples perspectivas de la historia individual de quienes la han vivido, con su carga subjetiva, con todo su espesor de significados. Ella inevitablemente somete cualquier tiempo a un proceso de deconstrucción, llevado por los discursos de la evocación, el recuerdo, la remembranza y el olvido. Cada tiempo va dejando su memoria fantasma, porque después de cada siglo, o etapa, o ciclo, llega otra que a su vez dejará la piel y se sumará a la conciencia fantasmagórica de una macromemoria.

Por eso creo que la memoria fantasma es el espacio privilegiado para la autoconciencia individual, y después social, si sabe reconocerse desde el pasado en el presente. Será, entonces, la escritura una de sus herramientas más eficaces porque revive lo que en apariencia se silencia o se borra; será a su vez la cronista de los hechos que no salvaguarda la historia oficial sino la otra, la de los aconte-cimientos de ese ayer que de manera impertinente perviven entre nosotros. La memoria fantasma, si continuo con este símil, no se puede sofocar; acaso sea posible pervertirla si se manipulan los hechos, ya sea a través de la oficialidad (Estado) —que se los «apropia»—, o de la subjetividad de quienes los alimentan (el individuo) —que los «reviven»—. Pero tanto esta memoria afantasmada como la que se sustenta concreta, verdadera y asible, son reales; y ambos movimientos sirven para crear un contra-punto en su construcción y desconstrucción.

Hace muchos años mi madre salió de casa a hacer unas compras. Llevó con ella a mi hermano pequeño, el único que estaba listo para ir, con su inseparable casco de bombero, que solo se quitaba para bañarse.

No volvieron.

Comenzamos a inquietarnos: nos habíamos cambiado a una casa nueva, no estaba conectado aún el teléfono. La policía apareció para decirnos que habían tenido un terrible accidente y que estaban buscando al responsable del choque, que se había dado a la fuga. Mi padre salió apresurado. Nosotras en silencio aguardamos.

No murieron.

Mi madre casi pierde una pierna, que se hizo trizas; mi hermano no tuvo contusiones craneales severas gracias a su casco de bombero, que también ayudó a que no perdiera un ojo.

Nunca se aclaró cómo llegaron al hospital tan rápido para ser atendidos, ni tampoco por qué un taxi los llevó al sanatorio privado donde conocían a mi madre. Quedaban confusos muchos detalles, ¿quién los sacó del auto?, ¿quién paró al taxi? En su momento, nadie prestó atención a ello: lo importante es que estaban vivos. Cuando mi madre recuperó la conciencia, dos días después tras ser sometida a cuatro operaciones para reconstruirle la pierna, lo primero que dijo fue: «Tengo que agradecerle al señor de saco blanco que nos sacó del auto. Tengo que agradecerle». Lo repetía sin parar, obsesivamente.

Mi padre intentó localizar al hombre pero nunca lo encontró, porque los enfermeros que los recibieron en urgencias nunca lo vieron, ni el taxista que llevó a mi madre y a mi hermano al hospital: «la señora se lanzó sobre mi auto, abrió la puerta, traía a su hijo en brazos, me gritó que la llevara rápido… yo no vi a ningún señor con saco blanco».

¿Sería un espíritu, un fantasma, un ánima del auxilio?

No, era el tercer hombre.

Este fenómeno, paranormal para unos, o lógico para otros —desde el punto de vista psicológico— es denominado el síndrome del tercer hombre. Y pese a que se sigue estudiado desde distintas áreas del conocimiento, estas no llegan a establecer una conclusión definitiva. Si es un mecanismo que usa nuestro cerebro, sometido a situaciones extremas ¿por qué siempre se ve a un solo sujeto?; ¿por qué testigos de este suceso afirman que lo tocaron e interactuaron con él o ella?

Más allá de encontrar una explicación racional a todo, y dado que hablamos de la belleza del fantasma —que tiene tantas personalidades y tan dísimiles formas de actuar—, por qué no creer que el tercer hombre existe, a su manera, en nuestro mundo racional y concreto. Mi madre y mi hermano casi mueren en el llamado cruce de la muerte, y sobrevivieron gracias a la compasión de un hombre vestido de blanco que, alucinación o no, sostuvo su esperanza de vida.

T. S. Eliot, en su magnífico poema *Tierra baldía* (1922), no solo piensa que *abril es el mes más cruel*, también sabe que en él se *mezcla memoria y deseo*; quizá desear la vida y recordar un instante de muerte en límite de la existencia configura la elección para definir poéticamente al tercer hombre:

¿Quién es el tercero que camina siempre a tu lado?
Si cuento, solo estamos tú y yo juntos
Pero si miro hacia delante por el blanco camino
Siempre hay otro caminando junto a ti.

¿Se puede vivir como un fantasma? ¿Puede uno res-
guardarse en una habitación y dejar transcurrir los
días, las horas, sin marcar ninguna otra obligación
que la de estar con uno mismo? ¿Acaso una ventana es un ojo para observar el mundo entero; y un
escritorio el cuerpo en donde volcar palabras como
caricias rotas, como remiendo de una pasión insólita de quien toca la existencia en abstracto? ¿Puede
ser eco de sí misma y verse repetida en todo lo que
observa, y calla mientras acaricia un deseo latente,
secreto, escondido justo detrás de su puerta? ¿Puede vagar en sí misma, hacia dentro, descubriendo
las pulsaciones de una vida imaginada en peque-
ñas imágenes que las palabras resguardan? ¿Puede
decidir que el blanco será el único color de su ves-
timenta, portándolo como mortaja por la eterni-

dad, entendida esta como un día a día muriendo y naciendo cada veinticuatro horas? ¿Puede ser tan esquiva su ilusión de persona, que solo una fotografía insinúe su presencia vital en la tierra, sosteniendo unas margaritas? ¿Puede alguien, sin ser la fantasma de siempre, moverse como tal y proyectarse luminosa mientras alguien la divisa en el alto de la escalera?

¿Puede?

Sí.

Emily Dickinson lo hizo, y dejó su piel en cada poema por ella escrito. Poemas que trasgreden su tiempo, y el universo pactado de la poesía comprometida con las épocas y las modas. La gran fantasma de un momento que no era el suyo se eternizó para que pudiéramos observar que nada detiene la pasión ni el sosiego cuando se es fiel a sí mismo.

El único Fantasma que yo he visto jamás
Iba vestido de encaje de Malinas — de modo que —
No llevaba sandalias en los pies —
Y pisaba como copos de
nieve —
Su Semblante, era silencioso, como
el Pájaro —

27

Pero rápido — como el Corzo —
Sus maneras, raras, como de Moisés —
O quizás, de Muérdago —

Su conversación — infrecuente —
Su risa, como la Brisa
Que se desvanece en Hoyuelos
Entre los Árboles pensativos —

Nuestra entrevista — fue pasajera —
Conmigo, él fue esquivo —
¡Y prohíba Dios que yo mire
atrás —
Desde ese Día sobrecogedor![1]

Escribió solo un poema con el motivo del fantasma; quizá me atrevo a proponer que es un poema espejo de sí misma, un doble distorsionado, porque nadie quiere ver un fantasma ni siquiera el propio. Y sí lo vio, con la agudeza y ese humor socavado tan suyo, ¿se describió a sí misma?

¿Puede ser?

....

1 «Poema 331», *Poemas y cartas 1-600*, ed. y trad. Mañeru Méndez y Oliart Delgado de Torres.

LA ESCRITURA FANTASMA

El deseo de escribir crea la escritura fantasma. Esta tiene por vocación incentivar lo ideado, lo pensado, lo específicamente imaginado que se ancla en un estado intermedio entre la realidad y la representación de esa realidad. Me explico, la realidad se nos ofrece como objeto literario, pero es tan imposible de asir en todas sus posibilidades que fantaseamos extraer de ella algo concreto; y llevarlo más allá de una anécdota, una situación importante o trascendente, una experiencia, una invención. Sin embargo, para llegar a ese momento de tangibilidad que ofrece el texto escrito, sea del género que sea, tenemos que recurrir al fantasma de la escritura.

Y aquí retomo la idea de Roland Barthes, donde advierte que «el fantasma de la escritura = a un yo que produce un "objeto literario"; es decir, que lo escribe (aquí el fantasma borra, como siempre, las dificultades, los fiascos)»[2], para que podamos seguir adelante con la ilusión de que deje de ser una idea fantasma y se concrete. Así, el fantasma cuento, poema, novela, o ensayo —como este que imaginé, fantaseé por varios meses, y ahora se ha vuelto concreto—: «se pierde como fantasma y alcanza lo Sutil, lo Inaudito = Proust fantaseó el Ensayo, la Novela, pero escribió una *Tercera forma* y solo pudo comenzar a escribir su obra al abandonar el Fantasma»[3].

Esta postura ante el objeto fantasmático; es decir, ante el objeto mental de nuestro deseo que se vuelve espectral, pero que al concretar su escritura nos despoja de sus fantasmas, nos lleva a agradecer la energía, la adrenalina, el miedo, la angustia, la frustración, que estos espectros nos ofrecieron antes del acto de escribir. «El fantasma de la escritura sirve de guía a la Escritura: el fantasma como

....

2 *La preparación de la novela.*
3 Ibíd. Aquí, Barthes se refiere a la obra *En busca del tiempo perdido* (1908-1922).

guía iniciática», dice Roland Barthes, que ha logrado concretar su relación con los textos y evocar en ellos lecturas diferentes, las cuales no se quedan en la construcción social de un texto, sino que conjuran y materializan todos sus fantasmas. Fantasmas que les dieron su origen, y subyacen en las profundidades más silenciosas de la escritura no-consciente, «el Fantasma (y su ardiente deseo) está llamado a expandirse, a superarse, a sublimarse», afirma el filósofo y semiólogo francés.

Siendo así, el fantasma de la escritura no es literal sino imaginado. La deformación de la realidad está dada por su carácter intangible, hasta que se concreta parcialmente en ese deseo de contar una realidad. Esa deformación afantasmada de la escritura encuentra su propio sentido, y no está ligada al tiempo, al espacio y sus convenciones, sino a la subversión; porque el fantasma de la escritura habita todos los tiempos, todos los espacios, todas las morales, todas las perversiones, todas las políticas, todas las razas, todos los géneros, todos los luminosos y oscuros pensamientos, todas las religiones, todos los discursos, para enunciar qué tan traslúcidos y semejantes somos a sus enunciaciones fantasmales. Dicho de otro modo, el espacio de la escritura fantasma se puede percibir a su vez como un acto indeleble donde «nada acaba, nada pasa, nada se olvida»[4].

....

4   Jacques Derrida en «Freud y la escena de la escritura».

EL DESCORAZONADO

No sé explicar cómo somos: quizá una legión de lamentos, un edén de tristeza donde nos anclamos tantos, tan distintos, tan certeros, tan feroces, tan apasionados por los fuegos fatuos de lo amoroso. Para nosotros el sufrimiento es como una adrenalina adictiva y sospechosa. Acabamos disfrutándola y, en ustedes, provocándola. Si me apuras a describirnos, tal vez el resplandor de la desdicha nos cobija, nos ha confeccionado una sábana de gasa para que nuestra tortura luminosa vagabundee por el mundo. Somos, ya dispuestos a describirnos y si lo piensas bien, tropiezos certeros en tu vida; nos aferramos a aquellos que no saben volver del desamor, se pierden. Cuando tu corazón se fractura, se quiebra, se enloquece o se rompe, es cuando nos pegamos a ti. No para matarte o torturarte, nuestro fin es más noble, si nobleza hay en nuestro espectro.

Cada fantasma lleva su pena como puede.

Pertenecer a la estirpe de los fantasmas descorazonados es no poseer un espacio concreto; nos desplazamos por todas partes, porque ustedes cargan su dolor a donde vayan y nosotros los seguimos como quien se nutre de lo perdido. Algunos somos buena compañía, casi unos maestros que entre la oscuridad pueden encontrar algo de bondad y la comparten. Yo, por ejemplo, te entiendo, he aprendido a quererte; tú también, no digas que no, has sentido mi presencia. Hemos convivido por varios años, he estado ahí, fiel, atento, tratando de que no te lanzaras al profundo y despreciable abismo de tu tortura amorosa. Cuántas veces sufrí pensando que te tirarías por la ventana, mientras yo en mi condición de fantasma no podría detenerte, y te perdería como se pierde la única esperanza.

Entiende: soy tu fantasma asignado. Así, que, por favor, libérate, libérame, porque cuando un descorazonado vivo sana, se sana también uno fantasmal, y por fin logra quemar su sábana para ascender.

LAS DESAPARECIDAS/OS.
LAS APARECIDAS/OS

Cuando alguien desaparece entra en la categoría del que se afantasma, porque inmediatamente se sitúa en un no-lugar, un espacio desconocido, un limbo intuido o imaginado. Es terrible pero al mismo tiempo esperanzador. La necesidad de reencontrarlas/os vivas/os moviliza a todo tipo de sectores: la vida llama más que la muerte. Cuando se encuentra a las/los desaparecidas/os, la sociedad olvida que muertos valen igual que vivos. Porque son —aún sin respirar— un eco de lo que fueron, un suspiro de futuro, una posibilidad. El duelo del que busca y encontró solo muerte produce fantasmas. Fantasmas violentados, rotos, tristes.

Nos volvemos seres contemplativos de lo inerte y los anclamos a la tierra para creer que en el duelo, en el homenaje, en la rememoración encontraremos un poco de alivio frente a las necropolíticas de todas partes del mundo que parecen privilegiar la muerte, la impunidad, la injusticia. El ejercicio de pensar la muerte, por lo menos relacionado a las necroescrituras como las plantea Cristina Rivera Garza[5], ayudará a que el duelo no se vuelva íntimo o sectario, sino público y denunciante (Butler)[6]. México, por ejemplo, se ha convertido en un pueblo de desaparecidos y después de aparecidos; esto último como una categoría fantasmal que implica la posibilidad del regreso aunque no estén vivos, y necesitan saldar una cuenta, advertir algo, denunciar una atrocidad.

Las aparecidas/os parecen emerger de un cristal que deforma o diseña distintas posibilidades de existir o de representar realidades a las cuales se enfrenta el ser humano y sus multirealidades. Y esa puesta en escena de las infinitas formas de dilucidar a las desaparecidas/os crea un tipo de asedio fantasmal involuntario entre los allegados y

5 *Los muertos indóciles. Necroescritura y desapropiación.*
6 Judith Butler en *Marcos de guerra. Las vidas lloradas.*

familiares que viven la tragedia, y deben «aprender a vivir con su fantasma»[7]. ¿Por qué? Porque el mundo no puede vivir sin fantasmas, aunque les tema, los exorcice, lo rechace o los quiera. Porque son un motor para levantar la voz, para creer en la justicia, para adormecer la impotencia: «En las calles y plazas públicas se manifiestan las madres que lloran por sus hijos e hijas desaparecidas, ellas trabajan para hacer visibles a sus fantasmas y no generan capital sino duelo»[8].

....

7 Gloria Luz Godínez en «Lloronas, madres y fantasmas: neobarroco en México».
8 *Ibíd.*

Mira el mar el fantasma con su rostro sin ojos:
el círculo del día, la tos del buque, un pájaro
en la ecuación redonda y sola del espacio
y desciende de nuevo a la vida del buque
cayendo sobre el tiempo muerto y la madera,
resbalando en las negras cocinas y cabinas,
lento de aire y atmósfera y desolado espacio.

«El fantasma del buque de carga»
(fragmento), Pablo Neruda

Los fantasmas se deslizan como pequeños ecos de vida por cualquier espacio posible: aire, tierra, mar, incluso en el fuego. Los lugares, que se transforman en receptores de estos seres atrapados en el constante ir y venir inmaterial de su existencia, llegan a imantarse de la misma energía que acogen de estos desterrados de la vida. Así, con el paso del tiempo, también se convierten en una aparición, en un espejismo nacido del deseo de seguir existiendo. La fuerza de pervivir más allá de los limites posibles me parece que es un rasgo de belleza extraña que le pertenece al navío fantasma. Permanecer custodiando lo que no está vivo, pero tiene una pulsación de vida innata, hace que afantasmados convivan con una sinergia escalofriante, y sin embargo terriblemente bella.

¿Es triste llevar de un lado a otro la melancolía del fantasma? ¿Son los buques nostálgicos ataúdes flotantes sin reposo? En el contexto de nuestra realidad insólita, existen muchos ejemplos de barcos fantasmas en el folclor marítimo, en ese desierto de agua salada que arroja infinidad de leyendas cargadas de locura, de obsesiones. El más famoso de ellos es sin discusión el «Holandés errante» que inspira terror y espanto. Quién puede saber qué llevó a Van der Decken a sumirse en una empresa tan imposible como trágica, a quitarle la vida a su primer oficial, a resistir y conducir a toda su tripulación a la muerte, obsesionado por navegar por lo intransitable: el cabo Good Hope. Qué pasaría por su mente para gritar y desafiar a Dios jurando que lo cruzaría así tuviera que navegar hasta el juicio final. No sabríamos cómo interpretarlo; quizá, anclándonos en las palabras de Alejandra Pizarnik, y poniéndolas en la boca de ese capitán que se varó en fantasma: «explicar con palabras de este mundo / que partió un barco de mí llevándome»[9].

El territorio marítimo da cuenta de una serie de textos que nos devuelven el mar con toda su extrañeza, tanto en las narraciones orales como literarias, ofreciéndonos historias sobre barcos centenarios que perviven navegando sobre estelas fantasmagóricas. De entre ellas solo destacaré tres que me parecen remarcables en el contexto del mundo oceánico y sus leyendas. «El Caleuche», embarcación que pertenece a la mitología Chilota del sur de Chile, nos refiere a un navío que va recogiendo los espíritus de los ahogados en el océano. Existen muchas versiones sobre este barco siempre envuelto en neblina, comandado por brujos y demonios; otros comentan que son lobos marinos y aves acuáticas quienes lo dirigen, se rumora que hay fiestas y alegría en su proa para aquellos a quienes, tras haber perdido la vida en el mar, se les ofrece la ilusión de continuar existiendo. Por su parte, el «Octavius»,

....

9   Poema 13, *Árbol de Diana.*

barco ballenero cuya leyenda data de 1775, nos da cuenta de la desgracia de una tripulación congelada por el frío extremo que estuvo a la deriva durante trece años. Esta historia nos regresa el escalofrío de la vida detenida, en un solo momento de angustia, ante las puertas de una muerte que no dará veredicto mientras permanezcan vagando eternamente por las costas de Groenlandia.

En lo referente al mundo literario, la famosa novela de terror *Los piratas fantasmas* (1909), del escritor inglés William Hope Hodgson, nos advierte que el mar como la tierra que habitamos son espacios que conviven con dimensiones paralelas a la nuestra. El barco «Mortzestus», velero de tres palos y maldito, es el lugar de los acontecimientos de la novela fantástica. Ahí se entrecruza otro plano existencial con sus propias reglas en relación con el tiempo y con la configuración del espacio, distinto al de los vivos. Hope Hodgson nos advierte que cuando se encuentran estas dos líneas dimensionales se desestabiliza la realidad pactada. Nos percatamos que subsiste otra manera de existir diferente a la propia, nos muestra que los fantasmas marítimos son seres obsesionados con las riquezas, la explotación de los bienes del mar, sus especies, sus rutas para conquistar y saquear. Fantasmas que buscan ocultarse u olvidarse de sus errores, crímenes, desamores, deshonra; son los obstinados, los crueles en las aguas saladas.

No importa en dónde se anclen los fantasmas porque cualquier lugar sirve para penar, vagar con todo aquello que no resolvieron en vida. Condenados a navegar, como en este caso, en un limbo encendido que ni las aguas del mar helado pueden apagar ni liberarlos de sus cadenas.

Así:

Barcos fantasmas somos, silenciosos, rumbo
a las salidas del sol y los amaneceres.
Barcos sin hogar somos, eternamente errantes.
Navegamos en tempestades septentrionales
y en tibios oleajes meridionales, silentes.

Barcos sin hogar somos, eternamente errantes.
Y constantemente aparecen en nuestro viaje
como fantasmas los mismos sueños salvajes
y las mismas canciones suenan una y otra vez.

«El barco fantasma»
(fragmento, Harry Martinson)

COMALA Y SUS FANTASMAS
«EN LA MERA BOCA DEL INFIERNO»

Existe una infinidad de tipologías y de referencias a los pueblos fantasmas en casi todos los países. La literatura se ha encargado de inmortalizar algunos existentes y a volver reales los ficticios. De entre todos ellos yo escojo a la entrañable Comala de Juan Rulfo, territorio fantástico que se contiene en su celebrada novela *Pedro Páramo*, no solo por mi origen mexicano, sino porque es un claro ejemplo de un pueblo habitado por fantasmas desposeídos. Reconocemos la gran variedad de espectros en el universo de lo insólito que, sin dejar de ser entes fantásticos, son asociados a una metáfora social, a una analogía política o existencial, lo cual nutre su representación literaria y lo hace tan efectivo como receptáculo de nuestros más profundos temores.

La obra rulfiana —como lo he dicho en otras ocasiones— es síntesis de un sistema de pensamiento social contemporáneo que ataca a las estructuras gubernamentales absolutistas, controladoras, que avasallan el pasado, desestabilizan el presente y oscurecen el futuro. El resultado, no solo en su obra sino en todo México, son poblaciones enteras de pueblos fantasmas arrastrados a la melancolía, a la tristeza infinita del desposeído sin un porvenir del cual asirse.

Comala me intriga como un espacio que está dispuesto a recibir, y a perpetuar a sus fantasmas: el que se va, debe irse y no volver nunca; el que regresa, se queda para siempre. Como le sucedió a Juan Preciado, que tuvo que morir de miedo, al volver al pueblo, para escuchar la verdadera historia de todos los que quedaron atrapados en ese limbo: «Me mataron los murmullos. Aunque ya traía retrasado el miedo. Se me había venido juntando, hasta que ya no pude soportarlo». Abundio, como un Caronte, será el encargado de llevarlo del mundo de los vivos al de los fantasmas anclados en la eterna repetición de sus vidas rotas, porque, como le advirtió su madre: «Allá me oirás mejor. Estaré más cerca de ti. Encontrarás más cercana la voz de mis recuerdos que la de mi muerte, si es que alguna vez la muerte ha tenido alguna voz».

¿Cuáles son los cuestionamientos de estos fantasmas que desestabilizan la realidad y son el resultado de un tiempo detenido y triste? ¿Qué imágenes porta el texto para atraernos hacia una realidad rural tan alejada de los conceptos de modernidad y vida urbana en los que nos vemos envueltos? ¿Cómo explicar la convergencia de lectores provenientes de culturas y de formaciones sociales múltiples que se identifican con ellos? En su momento me hice estas mismas preguntas en relación con el espacio: la madre tierra como principio de todo[10]; ahora me detengo en su población fantasmal, y con ello sumo otra propuesta de lectura: la dialéctica vida y muerte que se pervierte para diferenciarse, ya que en Comala morir es esperanza de vida, una forma de existir.

Comala como un limbo lleno de fantasmas en espera de redención; pueblo que se desdobla en el

---

10 Me refiero a mi artículo de 2004, «*El llano en llamas* y *Pedro Páramo*: universo en extensión y clausura».

espacio textual de la novela: el pasado es descrito como lugar de la abundancia, la vida, el desarrollo; mientras que el presente es sitio para la muerte, lo estéril, el destierro, el abandono. Los personajes, que vagan por el pueblo fantasmagórico, son los expulsados, los que no lograron obtener el perdón por su falta de recursos económicos, por la ignorancia o por el temor al cambio. Quedan varados en un lugar ambiguo ya que no hay cabida para ellos en otro sitio y están a la espera, en un estado transitorio perpetuo, en la frontera de lo venidero, sin concluir su pasado, sin poder dejar de vivirlo en el presente.

Comala como el único lugar que los acoge porque fueron abandonados por quienes se supone deberían haberlos ayudado; el Padre Rentería se une a una revuelta y abandona al pueblo, consiente de los cambios por venir e incapaz de sostener las viejas formas. Pedro Páramo se deja matar y así termina un ciclo de poder que ya no tiene lugar en el nuevo sistema de vida que se está implementando: los campesinos abandonan el campo, la Revolución, la guerra cristera y los cambios sociales se vuelven cada vez más amenazantes y su poder absoluto y arbitrario no puede cambiar nada allá arriba[11].

Comala es el lugar de los murmullos del pasado, de la desolación y la muerte. Así se confirma como espacio vacío de vida terrenal, y deja que las ausencias, los discursos de la violencia, de la venganza nutran la pena, el dolor, el desarraigo que cargan los fantasmas que la habitan. Fantasmas atrapados, sí, pero aún con esperanza en ese pueblo «lleno de ecos. Tal parece que estuvieran cerrados en el hueco de las paredes o debajo de las piedras. Cuando caminas, sientes que te van pisando los pasos. Oyes crujidos. Risas. Unas risas ya muy viejas, como cansadas de reír. Y voces ya desgastadas por el uso. Todo eso oyes. Pienso que llegará el día en que estos sonidos se apaguen».

....

11   *Ibíd.*

¿SE PUEDE CREAR UN FANTASMA?

Tras cada hombre viviente hay treinta fantasmas, pues esa es la razón en la que los muertos
superan a los vivos.

Arthur C. Clarke, *2001: una odisea espacial*

La inteligencia artificial puede crear fantasmas: eso
aseguran las empresas que los están «vendiendo» a
todos aquellos que no pueden dejar ir a sus seres
amados. Lo que parecía un cuento de ciencia ficción ya está aquí y es *Made in China*. Hasta ahora
se mantiene un bajo perfil, seguramente por la fa-
se experimental que atraviesa la atrevida y perturbadora iniciativa, pero seguramente muchos otros
países ya están abocándose a este proyecto. Se les
llama «bots fantasmas» o «thanabots», recurriendo
a las premisas de la tanatología para validar a través
de un discurso científico el «producto». ¿Será posi-

ble crear un fantasma construido del recuerdo colectivo, de todo lo que dejó en las redes o filtrado por fotografías? ¿Podrán alcanzar una conciencia real de lo que es, o en lo que lo han convertido?

Más allá de una postura ética o moral, me perturba la idea de que un regulador emocional como es el fantasma se convierta en un espectro a la medida de quien lo solicita. Un producto de consumo, obviando, como argumenté en otro momento, que los fantasmas «son el dolor de una humanidad que se descarna con cada golpe de violencia, abuso y descalificación de lo altéreo (genérico, racial, social, económico, cultural, familiar); que a pesar de su 'no existir' en el plano de una realidad convenida, deben 'existir' en el plano de la conciencia emocional y reflexiva. Su proceder es siniestro e inquietante porque ataca de la misma manera en que es o fue atacado. Son un espanto saludable porque cuestionan nuestra naturaleza humana»[12].

El fantasma no debería ser creado ni duplicado, ni suplantado por ecos de un lenguaje ciber-

....

12 Cecilia Eudave en «Recuento de la presencia literaria del fantasma en México».

nético que, como todo eco, devuelve esa voz pero deformada. Crear un fantasma por medio de IA e intentar traerlo como un doble distorsionado, que actúa de acuerdo a la información recibida, le arrebata la dignidad tanto a los que ya no están y son energía pura en otra parte; como a los que siguen vagando atrapados en el umbral entre la vida y la muerte ya sea desde una perspectiva espiritual, alegórica, metafórica o literaria. ¿Lo que están ofreciendo no es acaso solo un avatar, un holograma, una proyección? La literatura nos ha demostrado lo doloroso o desolador que resulta retrotraer la vida usando la tecnología, por ejemplo menciono *La invención de Morel* del argentino Adolfo Bioy Casares; o, más recientemente, el caso de «Soñarán en el jardín» de la escritora mexicana Gabriela Damián[13]. Este relato de ciencia ficción intenta perpetuar la memoria y crear «un santuario» que funcione como un lugar para concientizar al pueblo mexicano de las desaparecidas y asesinadas de Ciudad Juárez. Marisela, la protagonista del cuen-

....

13   El cuento se publicó como parte de la antología *El silencio de los cuerpos. Relatos sobre feminicidios*, de 2015.

to, nos va mostrando el nacimiento y configuración de su «jardín» en ese futuro tecnológico del texto, que ha conseguido trasladar resonancias de vida a los cuerpos de hologramas que intentan restituirlas. El resultado son ecos de las que una vez fueran las mujeres víctimas de la violencia. Cito un fragmento del cuento:

—¿Por qué no tienes cuerpo?

—Porque me lo quitaron. Estoy muerta.

Al detectar el silencio del niño, la silueta de Rubí emitirá respuestas más concretas.

—Eso quiere decir que no puedo comer, ni jugar, ni besar a mi mamá.

El niño mirará en derredor, como buscando alguna clave. Mirará hacia el mar y luego estudiará la apariencia de su interlocutora.

—¿Eres un fantasma?

—No. Soy un recuerdo. Como una fotografía.

—¿Como un video de los de antes?

Así, el texto se debate entre la posibilidad de asir su pasado y la desilusión de ser solo recuerdos digitalizados y sin vida. Entre el dolor de los familiares conscientes de que esos cuerpos espectrales no son ni serán sus seres queridos, sino paliativos para seguir sobrellevando la pena. Es un cuento melancólico, cargado de sentencias, de reflexiones y advertencias. Lo que me lleva a insistir: no se crea un fantasma, sino se recrea la vida de alguien que ya no está a partir de toda la información que se selecciona y clasifica. Este «fantasma» hecho a la medida del consumidor, es un replicante de su memoria humana ¿de sus sentimientos también? Una prefiguración bella o monstruosa, según se aprecie, de las posibilidades que brinda «un *spectrum*», placebo que suplanta una terrible realidad y entrega una evasión. El verdadero fantasma, el que antes de haber sido nombrado como tal, o su sinónimo en distintas culturas, sufre atrapado entre dos mundos mientras busca redención y a la postre paz. Terrible me parece que, en vez de liberar y dejar trascender a quienes hemos amado, ahora los engrilletamos a las pesadas cadenas del egoísmo volviéndolos seres cibernéticos —que no fantasmas—, vagando en el oscuro y binario ciberespacio.

EL FANTASMA Y SU DEVENIR-CUERPO /
EL HOMBRE Y SU DEVENIR FANTASMA

> Esa trama de tiempos que se aproximan, se bifurcan, se cortan o que secularmente se ignoran, abarca todas las posibilidades. No existimos en la mayoría de esos tiempos; en algunos existe usted y no yo; en otros, yo, no usted; en otros, los dos. En este, que un favorable azar me depara, usted ha llegado a mi casa; en otro, usted, al atravesar el jardín, me ha encontrado muerto; en otro, yo digo estas mismas palabras, pero soy un error, un fantasma.
>
> Jorge Luis Borges, *Ficciones*

El fantasma tiene distintas denominaciones, diferentes invocaciones a su naturaleza. Quizá porque nos gusta aproximarnos a ellos o frecuentarlos, nos intriga su naturaleza y su potencial para asustarnos tanto como conmovernos. Los cazamos, los pintamos, los narramos, los estudiamos, los necesitamos. ¿Por qué? Porque el mundo no podría vivir sin fantasmas, aunque les tema, los exorcice, los rechace o los quiera crear. De ellos, me intriga su necedad de permanecer, su conciencia que —más allá de la muerte— los lleva a resarcir un daño o concluir un remordimiento, un tormento, una bajeza. No vamos a debatir su existencia, «[s]i no puedes creer en ellos, no los molestes…»[14]; tampoco pretender ser uno —ya lo advierte un precepto de la Cábala: «[t]en cuidado. El que finge ser fantasma, llega a serlo».

Utilizamos distintas palabras para hablar de la figura que nos compete: «fantasma» (del griego *phántasma*, reflejo, imagen, que brilla o aparece); «espectro» (del latín *spectrum*, imagen o aparición) y «aparición» (del latín *apparitio*, poner a la vista). Todas ellas sirven para referirnos a su presencia insólita o maravillosa, y todas ellas se relacionan con el sentido de la vista. Es verdad que se pueden sentir, escuchar, presentir, pero solo el que los ve puede confirmar su existencia: mirar para creer.

....

14 León Edel.

Jacques Derrida, en *Espectros de Marx* (1993), usa la palabra «espectro» para evitar la asociación del «fantasma» con la «imagen», y conceptualizarlo como un ser liminal: *un devenir-cuerpo*, carnalidad del espíritu. Carnalidad metafórica que asume «a la vida más allá de la vida presente o de su ser-ahí efectivo, de su efectividad empírica u ontológica: no hacia la muerte sino hacia un sobrevivir, a saber, una huella cuya vida y cuya muerte no serían ellas mismas sino huellas y huellas de huellas»[15]: «¿Qué es un fantasma? Preguntó Stephen. Un hombre que se ha desvanecido hasta ser impalpable por muerte, por ausencia, por cambio de costumbres»[16].

Así, el *devenir-cuerpo* en un texto con tintes fantásticos o alegóricos «lleva el cuestionamiento a sus límites extremos: las palabras que pronuncia tienen forma de red, de telaraña, de trampa en la que cae el lector. No hay conciencia del discurso porque no hay trasparencia. Y lo que bulle bajo la opacidad del lenguaje es un espanto sin forma, hasta tanto

---

15   Jacques Derrida en *Espectros de Marx. El estado de la deuda, el trabajo del duelo y la nueva internacional.*
16   James Joyce en *Ulises.*

permanezca secreto. Basta entonces hurgar en las palabras para poner en movimiento esos engranajes mortales que nada pueden detener, ni siquiera la palabra»[17]: «La mujer que amé se ha convertido en fantasma. Yo soy el lugar de sus apariciones»[18].

Podemos encontrar muchos ejemplos del *devenir-cuerpo* en un espacio liminal pero, de entre todos ellos, me detengo en las figuras fantasmáticas femeninas de la obra de Carlos Fuentes (1928-2012). Desde su celebrada novela corta *Aura*, hasta cuentos como «La gata de mi madre», «La buena compañía» o «La bella durmiente»[19], observo algunas de las obsesiones recurrentes del escritor, las cuales son encarnadas en seres fantasmales femeninos que buscan redimir lo vivido para apuntalar la identidad perdida de lo masculino. Tanto en la novela corta como en los tres relatos seleccionados como ejemplos, destaco su gusto por la evocación de un pasado que se manifiesta en un presente completamente decadente, periférico.

....

17 Rosalba Campra en *Territorios de la ficción. Lo fantástico*.
18 Juan José Arreola en «Cuento de horror».
19 Incluidos en *Inquietante compañía*.

Sin embargo, la elección de estas historias breves tiene como propósito evidenciar la manera en que Carlos Fuentes crea fantasmas femeninos que siempre están custodiando los valores rancios de la sociedad que los engendra, heteronormativa y patriarcal. Seres femeninos que habitan o son enclaustradas en casonas antiguas, resguardando los secretos más íntimos de las familias, convocando el pasado con magia, hechicería o supersticiones. Son «las fantasmas» de Fuentes mujeres activas, poderosas, transgresoras; pero siempre y cuando estén al servicio de la restitución de la masculinidad y el restablecimiento del orden socavado. Porque «la mujer, al ser un ente casi mágico, es expulsada del mundo terrenal, propiedad incontestable del hombre (desde esta visión); la mujer es un estado anterior a los dioses y a los hombres, y también posterior: es un destino, es un infinito, pero no es terrenal»[20].

Las fantasmas, en su *devenir-cuerpo*, por lo menos en la literatura y otras manifestaciones del arte, se diluyen en la vida ordinaria, toman otros caminos al ser representadas/os o trasmutadas/os

....

20 Cecilia Eudave en *Sobre lo fantástico mexicano*.

por la escritura de mujeres. Aquí la ruta es diferente, las/los fantasmas se enfrentan a una búsqueda del sentido de la existencia de quién los convoca: «¿Acaso estos hombres y mujeres, estos fantasmas tumbados bajo los árboles, no son nuestro pasado, todo lo que queda de él…, nuestra felicidad, nuestra realidad?»[21]. Se asumen como pertenencia, como herencia: «No sé qué hicimos para merecernos una fantasma»[22]. Solo intentan develar los secretos ocultos, advertir, movilizar, perturbar y reconciliarnos a través de la escritura; que permite, además, dar una vuelta de tuerca a la visión del fantasma con humor y gracia: «El hombre que amé se ha convertido en fantasma. Me gusta ponerle mucho suavizante, plancharlo al vapor y usarlo como sábana bajera las noches que tengo una cita prometedora»[23]. En la resonancia fantasmal se evidencia el miedo a la propia destrucción o al desasosiego que nos provoca el mundo, esto se hace evidente en autoras más jóvenes, como Atenea Cruz cuan-

21 Virginia Woolf en *Kew Gardens y otros cuentos*.
22 Cecilia Eudave en *El verano de la serpiente*.
23 Patricia Esteban Erlés en *Casa de muñecas*.

do afirma categóricamente que: «los fantasmas son huellas de dolor o de odio»[24].

Así como deseamos un *devenir-cuerpo* para el fantasma, como una encarnación a través del espíritu semi concreto, para abordar diferentes problemáticas en las sociedades contemporáneas; en un movimiento opuesto está su contraparte el *devenir fantasma*. Carolyn Wolfenzon, en su libro *Nuevos fantasmas recorren México*, propone una variante explícitamente social y política con respecto al *devenir-fantasma*: «Identifico un tipo de personaje fantasmático que ha cobrado existencia en la narrativa mexicana. Es decir, los autores "proponen" una cierta figuración de lo fantasmático que de repente ha pasado inadvertida "en tanto fantasmático". Mi contribución tal vez sea descubrir y hacer explícita esa propuesta: un personaje que no necesariamente sea etéreo, como Aura, o las almas en pena de *Pedro Páramo* o cualquiera de las apariciones [...] sino personas reales, a quienes el sistema trata como si fueran una aparición: un vacío, una corporeidad hueca, como si fueran

---

24 «Corazones negros» en *Las yeguas nocturnas*.

nada». Esta alegoría es una prefiguración de lo espectral o fantasmático como una encarnación real que adquiere estas características por asociación y/o apropiación comparativa. Sujetos afantasmados, descalificados y arrojados al espacio liminal entre estar y no estar, entre ser y no ser, de cara a sociedades que los sitúa en las periferias. Este tipo de fantasma es más difícil de erradicar en los terrores y conciencias culposas de los gobiernos, no solo de México sino de todo el mundo, porque: «es mucho más fácil matar a un fantasma que a una realidad»[25]; si acaso, una realidad afantasmada llena de fantasmas por todas partes.

....
25 Virginia Woolf en «Profesiones para mujeres».

EL FANTASMA,
ESA PEQUEÑA APOCALIPSIS...

de lo que fue, de lo que pudo haber sido. Su existencia e inexistencia es síntesis de una vida rota por accidente, enfermedad, asesinato, imprudencia; por la casualidad, la mala hora, el lugar equivocado; por la pandemia, la inmovilidad, la apatía; por la creencia religiosa, la política, la activista; por el odio, la incomprensión, la miseria, la avaricia; por la guerra, el rencor, la economía, la raza, las diferencias genéricas; por el deseo, la codicia, el poder; por la envidia, la venganza, la cobardía y la valentía; por la ignorancia, la soberbia, la vanidad y su narcicismo; por mirar o no mirar; por ser y no estar; por vivir y no saber vivir, ni dejar vivir...

El fantasma es una pequeña apocalipsis que sucumbe en la necesidad de transformarse en algún otro que no haya vivido tan equivocadamente.

No sé qué hice para merecerme tantos fantasmas, pero estoy orgullosa de ellos, me los quedo todos y me faltan más. Se aceptan donaciones espectrales para incrementar sus estudios, sus lecturas, sus rarezas.

Perdíamos cuerpo y el mundo había perdido cuerpo. Por eso andábamos con el amor desesperado de los fantasmas

ELENA GARRO

COLECCIÓN DE LA BELLEZA